# Cridhe's Anam
## Heart & Soul

# Cridhe's Anam
## Heart & Soul

le / *by*

Catriona NicÌomhair Parsons

bradan press

Halafacs, Alba Nuadh
*Halifax, Nova Scotia*

Bradan Press
Halifax, Nova Scotia, Canada
info@bradanpress.com | www.bradanpress.com

© 2023 Catrìona NicÌomhair Parsons

CAPE BRETON LULLABY
© Copyright 1988 by Gordon V. Thompson Music, Toronto, Canada
A Division of Warner/Chappell Music Canada Ltd. All Rights Reserved. Used by permission.
SOLE SELLING AGENT OF THIS SONG: JUBILATE MUSIC GROUP, LLC.

MY NOVA SCOTIA HOME
Words and Music by HANK SNOW
© 1959 (Renewed) HANK SNOW MUSIC and UNICHAPPELL MUSIC, INC.
All Rights Administered by UNICHAPPELL MUSIC, INC.
All Rights Reserved
Used by Permission of ALFRED MUSIC

MY LOVE, CAPE BRETON, AND ME
Words and Music by ROBERT QUINN
© 1982 QUINCEPT MUSIC
All Rights Administered by WC MUSIC CORP.
All Rights Reserved
Used by Permission of ALFRED MUSIC

The following poems were previously published in the following publications: "Dachaidh nan Seann Daoine," *Gairm* 1989-90, vol. 149, pp. 28-9; "dhutsa," *Gairm* 1992, vol. 160, p. 361; "Cuimhne," *Gairm* 1992, vol. 160, p. 362; "Aignis," *Gairm* 1995, vol. 170, p. 135; "Buidheachas," *Brìgh na Gàidhlig*, An Comunn Gàidhealach Ameireaganach, 2000; "Ath-thighinn" (previously titled "D-Day"), *Gath*, Winter 2005, vol. 4, pg. 67; "Rùn," *Gath*, Winter 2006, vol. 6, pg. 47.

ISBN 978-1-77861-021-9 (paperback)

All rights reserved. No part of this publication may be reproduced, distributed, or transmitted in any form or by any means, including photocopying, recording, or other electronic or mechanical methods, without the prior written permission of the author and the publisher.

Library and Archives Canada Cataloguing in Publication

Title: Cridhe's anam / le Catrìona NicÌomhair Parsons = Heart & soul / by Catrìona NicÌomhair Parsons.
Other titles: Heart and soul
Names: Parsons, Catrìona NicÌomhair, author. | Container of (work): Parsons, Catrìona NicÌomhair. Cridhe's anam. | Container of (expression): Parsons, Catrìona NicÌomhair. Cridhe's anam. English.
Description: Poems in Scottish Gaelic with English translations on facing pages.
Identifiers: Canadiana (print) 20230198996 | Canadiana (ebook) 20230199003 | ISBN 9781778610219 (softcover) | ISBN 9781778610226 (EPUB) | ISBN 9781778610233 (Kindle)
Subjects: LCGFT: Poetry.
Classification: LCC PS8631.A7833 C75 2023 | DDC C891.6/314—dc23

Bradan Press recognizes the support of the Province of Nova Scotia. We are pleased to work in partnership with the Department of Communities, Culture, Tourism and Heritage to develop and promote our cultural resources for all Nova Scotians.

Printed by Lightning Source

# Clàr-innse | *Table of Contents*

| | |
|---|---|
| An t-Seann Dùthaich: Eilean Leódhais / *The Old Country: The Isle of Lewis* | 2 |
|     Aignis / *Aignish* | 4 |
|     Cuimhne / *Remembrance* | 6 |
|     dhutsa / *to you* | 8 |
|     Urram / *Honour* | 10 |
|     Am Bogha-froise / *The Rainbow* | 12 |
|     Buidheachas / *Gratitude* | 14 |
|     Dachaidh nan Seann Daoine / *The Old Folks' Home* | 16 |
|     Toradh an Daraich air Leth-fhàs / *Fruit of the Oak Half-grown* | 18 |
| An Saoghal Ùr: Vermont / *The New World: Vermont* | 20 |
|     Geamhradh ann a' Vermont / *Winter in Vermont* | 22 |
| An Saoghal Ùr: Alba Nuadh / *The New World: Nova Scotia* | 24 |
|     A' Caoidh La Vie Moderne / *Lamenting* La Vie Moderne | 26 |
|     An Sgàthan / *The Mirror* | 30 |
|     Cànain agus Tìr / *Language and Country* | 32 |
|     Dhan Urramach Aonghas MacFhionghain / *For the Reverend Angus MacKinnon* | 34 |
|     Faire na h-Oidhche / *Night Watch* | 36 |
|     Fo Sgéith a' Ghalair Mhór / *Under the Wing of the Pandemic* | 38 |
|     Là Chùil Lodair / *Culloden Day* | 40 |
|     Mo Bheatha / *My Life* | 42 |
|     Ràithean Cheap Breatainn / *Cape Breton Seasons* | 44 |
|     Na Nàbaidhean / *The Neighbours* | 46 |
|     Sìol / *Seed* | 48 |
|     Solas na Samhna / *November Light* | 50 |
|     An Daolag Bhreac Dhearg / *The Ladybug* | 52 |
|     Ath-thighinn / *Second-coming* | 54 |
|     Rùn / *Purpose/Secret/Love* | 56 |

| | |
|---|---|
| Fadachd / *The Soul's Longing* | 58 |
| Solas / *Light* | 60 |
| Ruach / *Ruach* | 62 |

An Saoghal Ùr: Sealann Nuadh / *The New World: New Zealand* 64
   31d dhen Dùbhlachd, 2015 / *December 31, 2015* 66
   Dùn Éideann mu Dheas / *Dunedin, NZ* 68
   Cafaidh na Cnòtha-daraich Uaine / *The Green Acorn Café* 70
   Faoileagan nan Dromannan Dubha / *The Black-backed Seagulls* 72
   Gàradh nan Lusan / *Botanical Garden* 72
   *Haka* / Haka 74
   Cumaibh Cuimhne / *Hold on to the Memory* 76
   Karitane / *Karitane* 78

Eadar-theangachaidhean agus Òrain Spioradail / *Translations and Spiritual Songs* 80
   Tàladh Cheap Breatainn / *Cape Breton Lullaby* 82
   Mo Rùn, Ceap Breatainn 's Mi-fhìn / *My Love, Cape Breton and Me* 84
   Mo Dhachaidh an Albainn Nuaidh / *My Nova Scotia Home* 86
   An Raointean Flànrais / *In Flanders Fields* 88
   Laoidh na Càisge / *Easter Hymn* 90
   Laoidh na Caingis / *Pentecost Hymn* 92
   Laoidh Sliochd nan Gàidheal / *Hymn for the Descendants of the Gaels* 94

Coda / *Coda* 96
   Aithneachadh / *Recognition* 98

Dàin
*Poems*

# An t-Seann Dùthaich:
# Eilean Leódhais

*The Old Country:*
*The Isle of Lewis*

# Aignis

Aignis! Ainm a dhùisgeas gu cuimhne dhomhsa
Croit, is caileag bheag a' crùbadh air cùlaibh a seanar
'S ga leantainn a' cur gach phìos bhuntàta dìreach
Mar e-fhéin 's a' chlais; 's ás déidh là grian-loisgte
A' dol sìos dhan taigh fhialaidh, far an robh am buntàta bruich
A' briseadh 'nar coinneimh 's a' phrais.

Cha téid a chaoidh a-mach á cuimhne cùl 's cladach:
Fairichidh mi fhathast clachan a' rathaid fo m' chasan,
'S chì mi Ciorstag a' Ghobha 'cromadh 's a' lios,
A beannag air a ceann; seachad air taigh Uilleam Uilleim
'S a' fosgladh geat' a' Chùil, far am bi an t-sòbhrag bhuidhe
'Cur fàilt' air an earrach 's a' ghleann.

'S ged is cian nan cian bho chaidh cnàmhan mo shinnsrean
A shìneadh an Cladh na h-Aoidh, far a bheil fuaim na
Sumainn 'gan tàladh is, mar shileadh an t-soisgeil,
Uisgeachan na speur' 'nan suain 'gam beannachadh:

Chan e cianalas a tha 'gam bheòthachadh far a bheil mi,
Ach an spiorad beòthail aca 'gluasad annamsa, gu buan.

## *Aignish*

*Aignish! A name that wakes to mind*
*A croft and a little girl bending behind her grandfather*
*And following him, placing each potato piece exactly*
*Like himself in the furrow; and after a sunburnt day*
*Going down to the hospitable house, where the boiled*
*Potatoes were bursting open to meet us in the pot.*

*I will never forget the glen and shore:*
*I can still feel the stones on the road beneath my feet,*
*And see Christie, daughter of the Smith, bending*
*In the garden, her kerchief on her head; past the house*
*Of William son of William, and opening the park gate,*
*Where the yellow primrose welcomes the spring in the glen.*

*And though it is long upon long since the bones*
*Of my ancestors were laid to rest in the Eye Cemetery*
*Where the sound of the surf soothes their sleep,*
*And where the rains, like the dispensation of the Gospel,*
*Bless them in their slumber: It isn't melancholy*
*Or homesickness that is animating me where I am*
*But their intrepid spirit moving within me forever.*

# Cuimhne

'Nam shuidh' am bucas cairt mo sheanar
'S mi beag bìodach, air mo bhrùthadh a-null 's a-nall
'S na rothan a' leum air clachan a' rathaid
'S an làir a' toirt céim gu trom 's gu mall.

Bha an dithis againn—mi-fhìn 's e-fhéin
(Mise 'faireachdainn cho mór!)—'dol an tòir air gainmhich bho'n tràigh;
Os ar cionn adhar breac gorm, 's a' cionacrachadh ar sròintean
Fàileadh cùbhraidh na seamraig bhàin.

Mi coiseachd eadar muir is achadh
Air mór-thìr eile, 's gaoth bhlàth na mara
A' gluasad tarsainn air a' raon, geal le seamragan,
'S a' toirt mo sheanar—glan, geur, gràdhaichte—gu m' aire.

## *Remembrance*

*Sitting in the box of my grandfather's cart*
*When I was just a tot, jostled back and forth*
*As the wheels leapt on the stony road*
*And the mare plodded heavily and slowly on.*

*The two of us—myself and himself*
*(Me feeling so big!) going to fetch sand from the beach;*
*Above our heads a speckled blue sky, and caressing our noses*
*The fragrant scent of the white shamrock.*

*Walking between field and sea*
*On another continent, with the warm sea wind*
*Moving across the plain, white with shamrocks,*
*Bringing my grandfather—clean, sharp, beloved—to my attention.*

## dhutsa

dhutsa
    thug mi òg mo ghaol
    ged nach b' e Gàidheal a bh' annad,
    ged nach robh a' Ghàidhlig agad;
dhutsa
    thug mi gun imcheist mo chridhe:
    oir bha solas blàth 'nad shùilean
    is earbsa dheis' 'nad cheuman aotrom
    's thug mi làn cupan mo dhàin
dhutsa.
    's co-dhiùbh, nach d' thàinig thu
    thairis air na mìltean 'gam lorg?
    thàinig thu á Aimearagaidh 's fhuair thu mi
    dìreach aig m' ursainn fhìn. 'S air sin
dhutsa
    thug mi gu lasganta mo làmh:
    's thug thu fad air falbh mi
    gu àite far nach bruidhinn iad mo chànain
    (fuil mo chridhe 's connadh mo ghaoil).
dhutsa
    dhà-rìribh thug mi mo ghaol: 's mìorbhail nam mìorbhail,
    cha do chaill ach fhuair mi ás ùr mo chànain am measg shrainnsearan.
    A bheil e iongantach
    ma tha, gu bheil mi fhathast a' toirt
    gaoil, cridhe, làimh—is buidheachais—
dhutsa.

*to you*

to you
> I gave my love when young
> although you weren't a Gael,
> although you didn't have the Gàidhlig;

to you
> I gave my heart without doubt:
> for there was a warm light in your eyes
> and most ready confidence in your light steps
> and I gave the full cup of my destiny

to you.
> and anyway, didn't you come
> across the miles to find me?
> you came from America and found me
> right on my own doorstep. And after that

to you
> wholeheartedly I gave my hand:
> and you took me far away
> to a place where they don't speak my language
> (my heart's blood and fuel of my love).

to you
> earnestly I gave my love: and wonder of wonders,
> I didn't lose but found anew my language
> amongst strangers. Is it any wonder then
> that I still give love, heart, hand—and gratitude—

to you.

# Urram

Seasaidh Leódhas—agus na Leódhasaich.
Seasaidh na Hearadh—agus na Hearaich.
Seasaidh Sgitheanaich, Eigich, Abraich—
Seasaidh na Gàidheil—ge bi far am bi iad.

Nuair a chaidh an sgapadh "mar mholl air latha gaoithe"
Sheas iad, aghaidh ris a' ghaoith, gus na ghabh i
Beanntannan an dòchais ás an sealladh
'S thug iad orra dùthchannan neo-aithnicht';

'S nuair a ràinig iad cladach is coille dhlùth Chanada
Sheas iad: chuir iad an làmhan ri tuaghan, rinn iad dachaidh;
'S ged a chuimhnich iad Sion, cha do chroch iad am fìdhlean
Air na craobhan ach ghabh iad an òrain mar a b' àbhaist dhaibh.

Oir thug iad leotha an cànain 's an ceòl; thug iad leotha
An creideamh; agus an aghaidh saoghail chruaidh, chunnartaich,
Sheas iad; tha iad 'nan seasamh fhathast; agus far am bi iad
Seasaidh iad gu stòlda, slàn an aghaidh na Sìorraidheachd.

## *Honour*

*Lewis will endure—so will its people.*
*Harris will endure—so too its people.*
*The people of Skye, Eigg and Lochaber will stand—*
*The Gaels will endure—wherever they will be.*

*When they were scattered "like chaff on a windy day"*
*They stood, face to the wind, until it took*
*The mountains of their hope out of their sight*
*And they took on unknown countries;*

*And when they reached Canada's shore and dense forest*
*They stood: they took hold of axes, they made a home;*
*And although they remembered Sion, they did not hang their fiddles*
*On the trees but sang their songs as they always had.*

*For they brought with them their language and music; they brought*
*Their faith; and in the face of a hard, perilous world*
*They stood; they are standing yet; and where they are*
*They will stand steady, unbroken in the face of Eternity.*

# Am Bogha-froise

Leódhas, 's na neòil 'nan cabhaig a' tighinn oirnn,
'S an t-adhar mar is àbhaist fàs dorch';
Gu h-obann, frasan a' dèanamh danns'
Air na h-uinneagan 's gaoth an iar
Faighinn brath air an t-saoghal gu léir.

Ach, gu mìorbhaileach, cuiridh a' ghrian
Na sgothan gu ruith, 's an saoghal
A-rithist làn solais is sòlais, mar bu nòs;
Agus, mar gu robh an cruthaidhear a' cur a gheallaidh 'nar cuimhne,
Bogha-froise—dathach, àlainn—bho thaobh gu taobh dhen speur!

## *The Rainbow*

*Lewis, with the clouds rushing upon us,*
*And the sky as usual growing dark;*
*Suddenly, showers doing a dance*
*On the windows and the west wind*
*Taking unfair advantage of the entire world.*

*But, wonderfully, the sun puts the wind to flight,*
*And again, the world is full of light and consolation,*
*In the usual way; and just as though the creator*
*Was reminding us of his promise, from one sky's end*
*To the other—colourful, lovely—a rainbow appears!*

## Buidheachas

Nuair a smaoinicheas mi air m' òige
'S ann a shaoileas mi air Ciotaidh NicLeòid
'S mar a thogadh i gach cridh' a bhiodh ag éisdeachd rith'
Air a' ghramafon: a guth lurach tlàth làn brìgh
Na Gàidhlig, 'gar lìonadh le fadachd 's aig an aon àm
A' togail fadachd dhinn, a' socrachadh ar n-anam.

Nuair a smaoinicheas mi air m' òige
Saoilidh mi air Ciotaidh NicLeòid:

Is beannaichidh mi a h-ainm!

## *Gratitude*

*When I reflect on my youth, it's then I think of Kitty MacLeod*
*And how she would lift every heart listening to her*
*On the gramophone: her lovely mellow voice full of Gaelic soul,*
*Filling us with longing and at the same time lifting longing*
*From us, soothing our souls.*

*When I reflect on my youth,*
*I think of Kitty MacLeod:*

*And I bless her name!*

## Dachaidh nan Seann Daoine

An tig duine 'shealltainn ormsa
Nuair a bhitheas mi aosd', aosd'
Ann an dachaidh nan seann daoine
'S a bhruidhneas a' Ghàidhlig rium
Am measg nan Gall?

'S bidh mi 'gal
Nuair a chluinneas mi e
A' seinn nan òran Gàidhlig!
'S bidh mi òg a-rithist
Air madainn m' earraich 's cluinnidh mi cuthag
Fad ás, fad ás;
'S chì mi na steàrnagan a' tighinn
Le ruathar dhan a' ghainmhich
Air tràigh Mhealaboist.
'S bidh mi mar gum bithinn ann!

No 'm bi e mar bhruadar—
'S dùisgidh mi am measg nan seann daoine
'S sinn a' gabhail tì aig a' bhòrd.
'S cha bhi cuimhn' 'am air an t-strainnsear
A thug mi air ais thar nam mìle mìltean.

## *The Old Folks' Home*

*Will anyone come to visit me*
*When I am old, old*
*In an old folks' home*
*And will speak Gaelic to me*
*Amongst the English speakers?*

*And I will weep*
*When I hear him*
*Singing the Gaelic songs!*
*And I will be young again*
*On a morning of my spring and I will hear*
*A cuckoo far off, far off;*
*And I will see the terns coming*
*With a rush to the sand*
*On Melbost beach.*
*And it will be as if I were there!*

*Or will it be like a dream—*
*And I will wake amongst the old people*
*While we take tea at the table.*
*And I won't remember the stranger*
*Who took me back across the thousands of miles.*

## Toradh an Daraich air Leth-fhàs

Bho chionn fhad' an t-saoghail 's coille mhór an Albainn—
Celyddon aig na Cuimrich oirre—àite-falaich
Far am faighteadh fasgadh, b' e an caorann a' chraobh
A bu naoimhe leis na Draoidhean, 's na dearcagan
Dearg' aice 'gan dìon bho dhrùidheachd.

Bha craobh eil' ann bho'n d' fhuair na Draoidhean an ainm
Aig àm nach fhaic sinn ach gu dorcha tre ghloine;
Bha lus ann, air an d' thug iad an t-ainm 'uil-ìoc', lus
Gun fhreumhan, a fhuaradh 's a' gheamhradh,
Le dearcagan céireach geal, nach fhàsadh ach air darach
Air leth-fhàs, nuair a bha a' chraobh làidir, lùthmhor:

Lus geur-chluasach, biorach mar chrùn driseach,
A thigeadh fo bhlàth ann a' co-thàthadh an t-solais
Ann am bile na Gaille; dh'aithnich na Draoidhean—
Na seann fheallsanaich ud—gura b' e 'n Dia
A chruthaich an talamh a thug an dìon-slàint' seo dhaibh.

Ach ciamar a bhiodh fios aca gu bheil craobh an uil-ìc,
Craobh na beatha a-nis aig ìre, a' fàs ann a' gàradh Dhé?

## *Fruit of the Oak Half-grown*

*Long, long ago when there was a great forest in Scotland—*
*Called Celyddon by the Welsh—a hiding-place*
*Where shelter could be found, the rowan was the tree*
*Most hallowed by the Druids, since its red berries*
*Protected them from sorcery.*

*There was another tree from which the Druids derived their name*
*At a time that we cannot see except darkly through a glass;*
*There was a plant, to which they gave the name 'all-heal', a plant*
*Without roots, found in the winter,*
*With white waxy berries, that only grew on an oak*
*Half-grown, when the tree was strong and supple:*

*A sharp-eared plant, spiked like a thorny crown,*
*That would blossom in coherence with the light*
*On the rim of Gaul. The Druids recognized—*
*Those ancient philosophers—that it was the God*
*Who created the earth that gave them this health protection.*

*But how would they know that the health-giving tree,*
*The Tree of Life now full-grown, is growing in the garden of God?*

# An Saoghal Ùr:
# Vermont

*The New World:*
*Vermont*

# Geamhradh ann a' Vermont

1. Sneachd a' tuiteam, 'na bhleideagan tiugha,
   A' lìonadh gach dìg le cnapan canaich,
   A' còmhdachadh gach gaoid is gearraidh,
   A' gealadh 's a' glanadh—mealladh ion-mhiannaichte!—
   Ar saoghail shalaichte; 's fo speuran falamh,
   Suairc is gorm a-rithist ás déidh na stoirm',
   'Nar bòtannan àrda 's 'nar geansaidhean dathach,
   Théid sinn a-mach dhan t-saoghal air a bhreith ás ùr,
   Sinne cuideachd air ar n-ath-nuadhachadh, clann a-rithist
   A' sàthadh làmhan is chasan dhan lus-chlòimh lainnireach.

2. Thig an oidhche le fuachd cho cruaidh ri iarann;
   An ath-mhadainn bidh caisean-reòta fada
   A' crochadh mar bhiodag bhiorach bho mhullach an taighe
   'S bidh an saoghal gu léir mar lùchairt-deighe:
   Ma dh'fheuchas sinn a-mach, chan fhada gus am bi
   Ar sròintean 's ar meuran reò-sheargte
   'S ar n-òrdagan fuar-rag 's sinn a' saothrachadh
   Troimh na cuitheachan. A's an adhar, ceò an t-simileir
   An t-aon smal—tha sinn a' saoilsinn—
   Air saoghal fìor-ghlan, geal, greadhnach.

3. Ás déidh sìorraidheachd, fairichidh sinn blàths
   A' tilleadh dhan talamh. 'S tòisichidh an sneachd
   A' sileadh bho'n ghiuthas dhorcha. Bidh spriotagan
   'Gar clisgeadh le steallaidhean fuara bho mhullach an taighe.
   Gu h-obann, brisidh an caisean-reòta 'na mhìle mhìrean.
   'S bidh sinn sleamhnachadh suas gu 'r glùinean ann a' sneachd bog.
   Cha bhi e fada gus am bi sinn treabhadh troimh 'n pholl
   Le bòtannan troma. Agus aon là, air craoibh lomnochd
   Chì sinn gucag dòchais; 's far an robh torran sneachda
   Bidh fuaran a' leum gu dealasach 's an dìg.

## *Winter in Vermont*

1. Snow falling, in thick flakes,
   Filling every ditch with cotton balls
   Covering every flaw and cutting,
   Making white and clean—desirable deception!—
   Our polluted world; and under empty skies,
   Benign and blue again after the storm,
   In our high boots and colourful jerseys,
   We will go out into the new-born world
   We too renewed, children again
   Thrusting hands and feet into the bright gossamer.

2. The night comes with cold as hard as iron,
   The next morning a long icicle will be hanging
   Like a sharp-pointed dagger from the housetop
   And the whole world will be like an ice-palace:
   If we make it out, it won't be long until
   Our noses and fingers are frostbitten
   And our toes numb as we plod through the snowdrifts.
   In the sky, smoke from the chimney
   The only stain, we think, on a world
   Immaculate, white, magnificent.

3. After an eternity, we will feel warmth
   Returning to the earth. And the snow will begin
   Melting from the dark pine. Splashes will startle us
   With cold squirts from the housetop.
   Suddenly, the icicle will break into a thousand pieces
   And we will be sliding up to our knees in soft snow.
   It won't be long and we'll be ploughing through the mud
   With heavy boots. And one day, on a bare tree
   We will see a small sprout of hope; and where were mounds of snow
   A spring will be leaping enthusiastically in the ditch.

# An Saoghal Ùr:
# Alba Nuadh

*The New World:
Nova Scotia*

## A' Caoidh *La Vie Moderne*

*23 an Dàmhair, 2009*

Halafacs gu Lunnainn—Lunnainn gu Dun Éideann
'S an uair sin gu Steòrnabhagh taobh Inbhir Nis.
Tha e 'na mhìorbhuil dhomhsa cho foighidneach 's
A tha daoine—a' cur suas le tàmailt ás déidh tàmailt.
A' falbh 's a' tighinn (air ais a-rithist troimh Ghlaschu
'S Lunnainn) chaidh mo shlìobadh sìos sia turais—
Làmhan neònach, galld' a' dol air feadh mo chuirp.
"Thoir dhìot do bhrògan!" canaidh iad riut
('S chan e seo idir, idir talamh naomh).
'S cuiridh tu do chasan stocainnte air a' làr—
Có aig a tha fios cho salach 's a tha e—
'S an uair sin, air ais 'nad bhrògan, làn bhitheagan.

Ann a' Lunnainn, a' tilleadh a Chanada, thuirt mi riutha:
"Cuiridh mi dhìom mo bhrògan ás déidh dhomh dol
Troimh 'n cheann-stuaidh sin 's ás déidh dhomh
Àite-suidhe 'fhaighinn."
'S sheall iad orm mar gu robh mi air rud uamhasach a ràdh!
Ach mu dheireadh, leig iad dhomh,
A' toirt an aire air a' bhus a bh' orm. (*"Let's humour her!"*
Tha mi cinnteach gu robh iad a' smaointinn.)
'S steach leam troimh 'n cheann-stuaidh—agus *ping*!
Mo chruachann *titanium* na mollachd! Làmhan air m' fheadh a-rithist
'S an uair sin, 'nam shuidh' a' toirt dhìom mo bhrògan
'S mo chasan 's an adhar! A-nis bho'n bhoireannach ro-mhodhail:
*"Thank you, madam! Have a good flight, madam!"*
'S i cho toilichte cuidhteas 'fhaighinn dhìom. 'S mise dhì-se.

Chrath mi *dust* Lunnainn bho m' chasan.

(Chan innis mi dhut na tuiteamais eile a thachair rium—
Mar a throid draibhear an tagsaidh fad an t-siubhail
Bho Heathrow chun an taigh-òsda; taigh-òsda gun àrdaichear
'S agam ri staidhrichean ás déidh staidhrichean
A dhìreadh, a' draghadh mo mhàileid ás mo dhéidh;
Telebhisean is frasair nach obraicheadh; draibhear-tagsaidh
Chun a' phort-adhair an ath-mhadainn a dhòirt a-mach a thrioblaidean 's
Gun do dh'fhàg mi aige *tip* tuilleadh is mór).

# *Lamenting* La Vie Moderne

October 23, 2009

*Halifax to London—London to Edinburgh*
*Then to Stornoway by way of Inverness.*
*I'm amazed at how patient people are*
*Putting up with indignity after indignity.*
*Going and coming (returning through Glasgow*
*And London), I was patted down six times—*
*Strange, alien hands all over my body.*
*"Take off your shoes!" they'll say to you*
*(And this is in no way holy ground).*
*And you will put your stockinged feet on the ground—*
*Who knows how dirty it is—*
*And then, back into your shoes, full of germs.*

*In London, returning to Canada, I said to them:*
*"I will put my shoes off after going through that arch*
*And after getting a place to sit."*
*And they looked at me as if I had said something dreadful!*
*But eventually, they let me have my way, regarding my pout.*
*(I'm sure they were thinking: "Let's humour her!")*
*And in I go through the arch—and* ping!
*My darned titanium hip! Hands all over me again*
*And then, sitting while taking off my shoes*
*With my legs in the air! Now from the too-polite woman:*
*"Thank you, Madam! Have a good flight, Madam!"*
*And she so glad to be rid of me. And I of her.*

*I shook the dust of London off my feet.*

*(I won't tell you the other incidents that happened to me—*
*How the taxi driver scolded all the way*
*From Heathrow to the hotel; a hotel without an elevator*
*And my having to climb stairs after stairs*
*Dragging my bag after me.*
*A television and shower that wouldn't work; next morning*
*The taxi driver to the airport, who poured out his troubles*
*So that I gave him a too-large tip.)*

'S mu dheireadh—linntean air dol seachad!—mi ceangal
A' chrios-shuidheachain mu'm chuairt air a' phléan' a Chanada.
Sia uairean air a' phléan'—sia-a-a-a uairean.
A' ruigsinn. Cha mhór nach deach mi air mo ghlùinean
Gus pòg a thoirt do thalamh Halafaics!

Cha chreid mi gun téid mi tuilleadh air turas.

*And at last—ages later—securing the seat-belt around me*
*On the plane to Canada. Six hours on the plane—s-i-x hours.*
*Arriving. I almost went down on my knees*
*To kiss the ground of Halifax!*

*I don't think I'll go on a trip again.*

## An Sgàthan

Na làithean-sa
Dol seachad air sgàthan, stadaidh mi
Le iongantas 's mo sheanmhair—beag, cruinn, aosd'—
'Na seasamh a' sin a' sealltainn orm
Leis an iongnadh ud air a h-aodann!
Sìnidh mi mo làmhan d' a h-ionnsaidh
'S ged a shìneas, cha ruig na meuran
Againn a chéile.

Fad bhliadhnaichean
'S i mo mhàthair a chìthinn 's i air
Àite-còmhnaidh a ghabhail 's an t-saoghal
Sin nach ruigear ach troimh 'n sgàthan;
Cruinne-ché co-shìnte; is shaoilinn:
Cionnas, cionnas
A thachair rium a bhith co-aoiseach
Ri mo mhàthair?

Ach smaoinich mi
Air an uaimh sin leis na faileasan luath
Air a' bhalla, cùl na h-uaimhe, 's daoine
'Nan suidh' a-sin a' coimhead orra,
Dromannan ris an fhosgladh. Gun fhiosd' dhaibh
Bha iad air an togail le fìorachas nach b' fhìor
Agus fìorachas fìor—beòthail, beachdail, beadarach—
'Dol seachad orra.

## *The Mirror*

*These days*
*Going by a mirror, I will stop*
*In wonder as my grandmother—small, round, old—*
*Stands there looking at me with that amazement*
*On her face! I stretch out my hands to her*
*And although I do, our fingers cannot reach each other.*

*For many years*
*It was my mother I would see as she*
*Had taken up residence in that world*
*That can't be reached but through the mirror;*
*Parallel universe; and I would think:*
*How, how*
*Did I happen to be the same age as my mother?*

*But I thought*
*Of that cave with the swift shadows*
*On the wall, back of the cave, and people*
*Sitting there looking at them,*
*Their backs to the opening. Without realising it*
*They had been caught up with a false reality*
*While true reality—alive, discerning, full of fun—*
*Was passing them by.*

## Cànain agus Tìr

Thuirt am fear glic: "Tha cànain cho ceangailt'
Ris an tìr dha'm buin i": dé a-réisd'
A chanas sinn air té a théid air fògradh?
Am faigh i dùthaich dhi-fhéin a-rithist?
No am bi i ceangailte gu bràth
Ris an tìr a dh'fhàg i, eadar dà shaoghal?

'S dé chanas sinn ris a' Bheurla, ma tha,
'Na suidh' a' siud air neul air choireigin
Mar mhaighstir air saoghal mas-fhìorachd:
An can sinn gu bheil i faoigheach, a' faighinn
A beatha bho luchd nan cànainean eile
Mar chòinnich 's chrotal bho na craobhan?

Agus iadsan—cha mhór an saoghal gu léir!—
A tha air an cromadh sìos fo chumhachd
Na Beurla: bheil fios aca tuilleadh có iad?
No 'm bheil iad uil' air chall 's a' mhas-fhìorachd?

## *Language and Country*

*The wise man said: "Language is so tied*
*To the land where she belongs": what then*
*Do we say to the one that gets exiled?*
*Does she find a homeland for herself again?*
*Or will she be tied forever*
*To the land she left, between two worlds?*

*And what will we say to the English language then*
*Sitting yonder on some cloud or other*
*Like the master of a world of virtual reality:*
*Will we say that it is parasitical, receiving its*
*Life from those of other languages*
*As moss and lichen do from the trees?*

*And those—almost the entire world!—*
*Who have bowed down under the power*
*Of English: do they still know who they are?*
*Or are they all lost in the virtual reality?*

## Dhan Urramach Aonghas MacFhionghain

'Na dheann-ruith gu oir na creige
'Ga shadail fhéin a-mach is
Sìos, sìos, sìos
Mar shaighead a' briseadh troimh 'n mhuir;
Sìos, fhathast sìos,
Mach á sealladh; 's cridheachan nam bràithrean
Gu h-àrd air iomall na creige
Air stad, casg air an anail:

'S an ath mhionaid, fuamhaire de sgait
A' briseadh uachdar na mara
Le steall uisge, 's an gille fhéin
'Na mharcaiche air a muin
Dàna, gaisgeil, nàdarrach:
'Na ìobairt chaithreamach!

## *For the Reverend Angus MacKinnon*

*In a rush to the cliff's edge*
*Throwing himself out and*
*Down, down, down*
*Like an arrow breaking through the sea;*
*Down, still down,*
*Out of sight; and the hearts of the brothers*
*High on the edge of the cliff*
*Having stopped, their breath interrupted:*

*And the next moment, a giant of a skate*
*Breaking the surface of the sea*
*With a splash of water, and the lad himself*
*A rider on his back*
*Bold, brave—natural;*
*A triumphant offering!*

# Faire na h-Oidhche

Sionnaich a' comhartaich aig oir na coille;
Duilleach a' danns' ri fìdhill na gaoithe;
Air mullach an taighe, a' cumail tìm
Feòrag 'na braise 'dèanamh dannsa-céim
Ri ceòl na fìdhle; falach-fead na gealaich
Am measg nan neul; agus cithris-chaithris
Mo chridhe ann an doimhneachd na h-oidhche
Cumail tìm cuideachd le plosgadh neo-chuibhricht'.

Cùrtairean mar shiùil a' gabhail na gaoithe
'S soitheach mo sheòmair seòladh thar doimhne
A' falbh leis an t-sruth, gun ghrunnd, gun acair;
'S m' inntinn 'na duslainn eadar dùsgadh 's cadal:
Am fosgail mi sùil air an ùpraid tha romham?
An cuir mi m' aghaidh ris a' ghaoith 's m' uchd ris an domhan?
Chan eil ach stràc eadar faire 's fàire,
Chan eil ach dòchas eadar gal is gàire.

## Night Watch

*Foxes barking at forest fringe;*
*Foliage dancing to the wind's fiddle;*
*Squirrel, keeping time on the roof,*
*In its boldness doing a stepdance*
*To the fiddle music; the moon plays hide and seek*
*Among the clouds; and the tumult of my heart*
*In the depths of the night is keeping time too*
*With unfettered palpitations.*

*Curtains like sails taking the wind*
*And my room like a ship sailing over the depths*
*Going with the current, without seabed, without anchor;*
*And my mind a dark place between waking and sleeping:*
*Will I open an eye on the uproar before me?*
*Will I put my face to the wind and my brow to the world?*
*There's only a stroke between watch and horizon,*
*There's only hope between weeping and laughter.*

## Fo Sgéith a' Ghalair Mhór

Mar is tric, tuigear sgiath gu bhith 'na shamhla
Sàbhailteachd is fasgaidh; ach seo sinn am falach
Mar gum biodh, bho'n t-saoghal air fad, air an iomall,
Is sinn 'gar fuadachadh bho chomann ar n-àbhaist
Gu faraineach, faiceallach mar roimh nàmh.

Ach, a dhaoine mo ghaoil, chan eil an saoghal air fad
A' tuigsinn idir gu bheil fear carach 'nar measg,
'Toirt oirnn gur ann againn a tha gliocas is sinn
A' sileadh pròis ro aimhleasach 'nar n-aineolas!
Chan eil ach aon Tì dha 's urrainn an suidheachadh
A sgiùradh, an dearbh fhear a chruthaich an saoghal
Gu foirfe o thùs. O gun tuigeadh an saoghal sin!

## Under the Wing of the Pandemic

*Usually, a wing is understood to be a symbol*
*Of safety and shelter; but here we are hidden,*
*As it seems, from the wide world, on the fringes*
*As we banish ourselves from our usual company*
*Distantly, carefully as before an enemy.*

*But, my beloved people, the world at large*
*Doesn't understand at all that there's a cunning fellow in our midst,*
*Making us believe we are the ones with wisdom*
*As we ooze so destructive a pride in our ignorance!*
*There is only one Person who can settle the situation:*
*The very One who created the world perfectly*
*In the beginning. Oh, that the world would understand that!*

# Là Chùil Lodair

*A' cuimhneachadh Blàr Chùil Lodair, Cnòideart, Siorramachd Phictou, An Giblean 1994*

1. An iongnadh nach do smaoinich iad
   Air là fhuar Chùil Lodair
   Nuair a chaidh iad 'nan ruith
   Air beugaileidean biorach a' Bhuidseir
   Gum bàsaicheadh iad fad, fad
   Air falbh bho'n bhlàr dhearg fhuilteach?

2. Ach 's cinnteach gun do smaoinich iad
   A h-uile earrach beannaichte
   Nuair a bhlàthaich grian chiùin
   A' Ghiblein an cnàmhan: Cionnas, cionnas
   A bha sinne cho fortanach
   'S gur beò a dh'fhàg sinn tìr ar rùin?

3. B' ann 's a' Ghàidhlig a smaoinich iad
   'S a bha iad beò; b' ann 's a' Ghàidhlig
   A chuimhnich 's a bheannaich iad;
   Agus leis a' Ghàidhlig air am bilean
   Chaochail iad: chaidh an tiodhlaiceadh
   Fo bhlàr uain' an Canada.

4. Air là fhuar Ghiblein eile
   Tha sinn a' seo, ar cinn crùibte,
   Cruinn aig oir an t-sàile
   'Gan cuimhneachadh: Nach dual dhuinn ma tha
   A bhith, mar a dh'iarradh iad,
   'Gan cuimhneachadh 's a' Ghàidhlig?

# *Culloden Day*

Remembering the Battle of Culloden, Knoydart, Pictou County, April 1994

1.  *Is it any wonder that they did not imagine on that
    cold Culloden day, when they rushed on the Butcher's
    sharp bayonets, that they would die far, far away
    from the bloody red field?*

2.  *But surely they thought when April's mild sun
    warmed their bones every blessed spring: How
    on earth were we so lucky as to leave our beloved
    country alive?*

3.  *They thought and lived in Gaelic; it was in Gaelic
    they remembered and blessed; and with the Gaelic on
    their lips, they died: and they were buried under a
    green field in Canada.*

4.  *On another cold April day we are here, heads bent,
    gathered at the edge of the sea, remembering them:
    isn't it right and appropriate then to remember them,
    as they would wish, in Gaelic?*

## Mo Bheatha

Tha mo bheatha a' crìonadh air sgiathan na h-aois'
'S mo làithean—na h-eich ud!—a' teicheadh thar raoin.
A' togail an casan gu crìochan an t-saoghail,
'S mi-fhìn air fàs slaodach is sgàil air mo shùil.

## *My Life*

*My life is withering on wings of age*
*And my days—those horses!—are fleeing across the plain.*
*Galloping to the ends of the world,*
*And myself grown slow, a veil on my eyes.*

# Ràithean Cheap Breatainn

*Air fonn "Gaol an t-Seòladair"*

1. *Am Foghar*
    Feur 'na theine uaine
    Is duilleach òr-bhuidh' dearg
    'S an fhoghar thorrach, bhrìoghmhor
    Dol sìos mu leathad na leirg;
    Solas maoth na Dàmhair
    A' soillseadh air gach pàirc
    'S na féidh an cois nan craobhan
    An Ceap Breatainn, Tìr mo Ghràidh.

2. *An Geamhradh*
    Fuachd is meuran reòidhte
    A' spaideadh shneachda throm;
    'S an aghaidh adhair ghuirm-ghil
    Na craobhan biorach lom;
    Deigh fo'n chois mar iarann
    'Gar cur 'nar ruith chun a' bhlàiths
    'S an taigh tha seasgair, fialaidh
    An Ceap Breatainn, Tìr mo Ghràidh.

3. *An t-Earrach*
    Fadachd 'fàs gach oidhche 's là
    Gus an till an t-Earrach caomh;
    'S nuair chì sinn a' chiad fhlùr 's an ùir
    Bidh dòchas 'leum mar uan;
    'S toileachas gun toir an t-uisg'
    Air na flùraichean gu fàs;
    'S a-muigh 's a' ghàradh cuiribh fàilt'
    Air Ceap Breatainn, Tìr mo Ghràidh.

4. *An Samhradh*
    Làithean sona, fada, ciùin
    'S sinn 'blianadh anns a' ghréin;
    'S duilleach lìonmhor air gach craoibh
    'Na dhachaidh do gach eun.
    'S a h-uile madainn cheòlmhor
    Bidh an soirbheas aotrom tlàth
    'S cha bhithinn an àite eil' 's an t-saoghal
    Ach Ceap Breatainn, Tìr mo Ghràidh.

## Cape Breton Seasons

To the tune "Gaol an t-Seòladair"

1. Autumn
    *Grass a fiery green*
    *And foliage gold and red*
    *In the fruitful, plenteous Autumn*
    *Sloping down towards the shore;*
    *The soft October light*
    *Shining on each field,*
    *And the deer beneath the trees*
    *In Cape Breton, Land of my Love.*

2. Winter
    *Cold and frozen fingers*
    *Digging out from heavy snow;*
    *And against a blue and white sky*
    *The trees sharp-pointed, bare;*
    *Ice underfoot like iron*
    *Sending us in haste to the warmth*
    *Of the cosy, hospitable house*
    *In Cape Breton, Land of my Love.*

3. Spring
    *Longing grows each night and day*
    *For return of gentle Spring;*
    *And when we see the first flower in the earth*
    *Hope leaps like a lamb;*
    *And gladness that the rain will bring*
    *Growth to all the flowers;*
    *And out in the garden give a salute*
    *To Cape Breton, Land of my Love.*

4. Summer
    *Long, peaceful, happy days*
    *While we're basking in the sun;*
    *And abundant foliage on each tree*
    *Is a home for every bird.*
    *And each melodious morning*
    *The breeze will be balmy and light:*
    *And I wouldn't be anywhere else in the world*
    *But Cape Breton, Land of my Love.*

# Na Nàbaidhean

1. *An Coineanach*
   Làithean fada, blàtha, beannaicht' an t-samhraidh
   'S na nàbaidhean 'tighinn air chéilidh oirnn.
   Tràth 's a' mhadainn 's an t-uisg' air na guiseagan feòir
   Thig an coineanach còir d' ar n-ionnsaidh.
   Uaireannan, an teas an fheasgair, nì e laighe
   Air an àilear: Saoilidh mi gu bheil aon sùil fosgailt'!

2. *An Fheòrag Bheag Stiallach*
   "Sin thu! Seall—tha criomagan agam dhut
   Mar 's àbhaist." Agus ruithidh i thugam
   A' sìneadh a làmhan beag bìodach
   Gus a' ruig iad mo mheuran fhìn, 's i
   Air a corra-beaga a' sireadh
   Na criomaig. Seall cho brèagh' 's a tha i!

3. *Na Sgreuchagan Gorma*
   Cluinnidh tu sgreuch, 's an ath mhionaid
   Có th' ann ach eun bragail gorm
   'Na chabhaig a' siolpadh a-steach oirnn
   'S a' sgobadh mìr' arain a ghlac 'aire,
   'S a-mach leis, le sgread chaithreamach.
   "Sin thu-fhéin, a bhalaich! 'S tu am *boy*!"

4. *Nàbaidhean Nach Fhaicear cho Tric*
   Có eil' a thig mu'n cuairt? Cluinnidh sinn
   Snag na coille a' piocadh 's an lios;
   Is sméididh am madadh-ruadh a bhruis
   Ruinn 's an dol seachad. Có chunnaic sinn
   An-dé ach am bob-chat urramach
   A' spaidsearachd, mar an rìgh a th' ann!

# *The Neighbours*

1. Mr. Rabbit
   *Long, warm blessed days of summer
   And the neighbours come to visit us.
   Early in the morning with rain on the grass
   The dear bunny comes to us. Sometimes,
   In the heat of evening, he will lie on the verandah:
   I believe he has one eye open!*

2. The Chipmunk
   *"There you are! Look—I have crumbs for you
   As usual!" And she will run to me
   Stretching her tiny, little hands
   Until they reach my own fingers, as on
   Her little tiptoes she seeks the crumb.
   See how beautiful she is!*

3. The Blue Jays
   *You will hear a screech, and next minute
   Who is there but a cheeky blue bird,
   In haste sneaking up on us and snatching
   A bit of bread that caught his attention.
   And then, away he goes with triumphant sound.
   "Good for you, lad! You're the 'boy'!"*

4. Neighbours Not Seen so Often
   *Who else comes around? We will hear
   The woodpecker tapping in the garden;
   And the fox will wave his brush at us
   In passing. Who did we see yesterday
   But the noble bobcat, parading
   Like the king he is!*

# Sìol

Nuair a chaidh na Gàidheil a sgapadh
'S ann mar shìol a thog a' ghaoth:
Cuid dheth, thuit air talamh ghreannaich
Chreagaich, chruaidh a bhriseadh tuagh.

Sìol a fhreumhaich ann a' talamh
Ge be seòrsa a bhiodh ann,
Stéidhichte cheana air a' chreig sin
Nach gabhadh gluasad. Sìol a dh'fhàs
Gu sòlasach air fearann a' Ghàidheil fhéin,
Sìol aig nach robh cead aig duine a spioladh ás.

Agus dh'fhàs an sìol sin, coltach ris a' chraoibh
Mhóir sgeallaig a bha 'na dachaidh
Dha na h-eòin. Bha a' chraobh seo 'na sochair
Anns gach dùthaich far na dh'fhàs i—

'S cha deach fhathast a chur ás dhi:
Tha a blàthan a' togail cinn
Far an d' fhuair i fasgadh 's fàilte,
'Gam biadhadh le cuimhn' air far na dh'fhàs i o chéin.

## *Seed*

*When the Gaels were scattered*
*It was as seed lifted by the wind:*
*Some of it fell on rough rocky ground*
*So hard it would break an axe.*

*Seed that rooted in earth*
*Of whatever kind,*
*Established beforehand on that rock*
*That would not be moved. Seed that grew*
*Content on the Gael's own land,*
*Seed that none had permission to pluck out.*

*And that seed grew, like the great*
*Mustard tree that was a home to the birds.*
*This tree was a benefit*
*In whatever country it grew—*

*And it hasn't yet been destroyed:*
*Its blossoms appearing*
*Where it found shelter and welcome,*
*Fed by memory of where it grew lang syne.*

## Solas na Samhna

Ma 's e an Giblean am mìos as brùideil, 's e as
Bàigheil mìos na Samhna. Seall oirre tighinn,
'Slaodadh a sgiortaichean fada
An dathan òr-bhuidh' an fhoghair;
Ach nuair shéideas a' ghaoth 's a thuiteas gach duilleag,
Chìthear i rùisgte, brisg. Gu h-obann, bidh crith oirnn
Agus bheir reòthadh na maidne dhuinn
Taisbeanadh geamhraidh neo-aslaicht'.
Tha an solas aic' brisg cuideachd, socair, maoth, diùid;
Gu tric tarraingidh i cùrtairean dorcha uisg'
Gus grian dhùbhlaidh a' gheamhraidh
'Fhalach: 's an uair sin, bheir i dhuinn
—Mar gum b' eadh gun fhiosd'—tiodhlac de là glòrmhor
Coltach ris an fhear a tha 'toirt dhomh tlachd an-dràsd':
M' aodann ris a' ghréin, adhar 'na leug,
Cagar an t-soirbheis chiùin a' cur
An t-samhraidh chaoin 'nam chuimhne; 's cuileagan cadalach
'Toirt fianais le 'n srann gu bheil iad beò a-rithist.
Dha-rìribh, tha fhios 'am gun tig
An geamhradh; ach thig an samhradh
Cuideachd: agus air là dhen t-seòrsa seo, bheir solas
Samhna dhuinn gealltanas gun tig.

## *November Light*

*If April can be the cruelest month, then November*
*Can be most kind. True, she comes in with*
*Long trailing skirts clad still in Autumn's*
*Golden colours; but as the winds blow and leaves fall,*
*Her fragile nakedness is revealed. Suddenly,*
*We shiver—and morning frosts presage*
*The unyielding approach of winter.*
*Her light is fragile too, mild, tender, self-effacing;*
*And oft she draws dark curtains of rain*
*To hide the wintering sun: then she drops*
*Her gift into our laps, a glorious day—such*
*As I'm enjoying now: hot sun full on my face,*
*A radiant sky, soft winds whispering*
*Tenderly of summer; dozy flies*
*Come alive again and buzz their resurrection.*
*Oh, yes! I know winter will come, but*
*So too will summer: and November light*
*On such a day as this is summer's promissory note.*

## An Daolag Bhreac Dhearg

Mi 'nam phrìosanach geamhraidh 's deigh dhealrach
Ag oir-tharraing an t-saoghail; fuachd 's feannadh
Là nan Trì Rìghrean a-muigh, a' dèanamh tràill dhìom
Dhan dùinteachd a-staigh. Làithean air màgan
Dol seachad 's ga mo shlaodachadh...

Ach a chiall! Dé 'ghrìogag bheag a tha sin
An uilinn na h-uinneige? Seall oirre—
A' sgaoileadh sgiathan 's a' falbh air iteig!
Nach i a tha brèagh'—cruinn, dearg, le spotan
Dubh' air a druim: aon, dhà, trì—dusan dhiubh.
'S chuir mi fàilte chridheil oirre, 's i 'toirt
Togail do mo spiorad, an laochag!

## *The Ladybug*

*Here I am, a prisoner of winter, while sparkling ice*
*Outlines the world; outside, cold and lashing wind assaults*
*The Day of Epiphany, keeping me in bondage*
*To confinement within. Days crawling by, dragging me down...*

*But goodness! What little bubble is that in the elbow*
*Of the window? Look at it—stretching out wings*
*And flying away! Isn't it beautiful?—round, red, spotted*
*Black on her back: one, two, three—at least a dozen.*
*And I greeted her warmly as she boosted my spirit,*
*The little darling!*

## Ath-thighinn

Saoil am fàs na flùraichean—
còmhnard, soilleir, àlainn—
lilidhean an àraich
air uaighean Rwanda? Blàthan
cùbhraidh an gàraidhean Bhàbaloin?

'N dùil am fàs na flùraichean—
sìtheil, beannaicht', àghmhor—
ròs glan, milis Shàroin
ann an Israeil nam blàran?
's craobh na fìreanteachd air bruaich Iòrdain?

'Eil fhios am fàs flùraichean
tròcair' is mathanais
'nam dhust-sa?
Nuair dh'éireas
grian na fìrinnteachd 's leigheas
'na sgiathan os cionn Ierusaleim.

## *Second-coming*

*I wonder if the flowers will grow—*
*straight, luminous, lovely—*
*lilies of the field*
*on the graves of Rwanda? Fragrant*
*blossoms in the gardens of Babylon?*

*I wonder if the flowers will grow—*
*peaceful, blessed, glorious—*
*a pure, sweet rose of Sharon*
*in war-torn Israel?*
*and the tree of righteousness on Jordan's banks?*

*Who knows if flowers of mercy*
*and forgiveness will grow*
*in my dust?*
*When the sun of righteousness*
*will rise with healing in its wings*
*above Jerusalem.*

# Rùn

Ùine mhór bha thu am falach orm
Mar sgrìobadh air cloich
Nach b' urrainn dhomh a leughadh.

Ceuman socair air oisinn m' inntinn
Gun làrach 'fhàgail
Nach b' urrainn dhomh a chluinntinn.

Thuit mi an gaol is chaidh mo thoirt air falbh
Gu dùthaich eile:
'S thuirt mi, "Seo rùn mo bheatha!"

Bha mi air mo dhalladh le sonas,
'S ged a bha tuigse
An oir mo shùl', cha b' urrainn

Dhomh a glacadh. Ach aon là thuig mi
Gu suainte, socair—
Gun tàirneanach, gun dealanach,

Gun sgal-thrombaid—gun do chruthaich Dia
An talamh 's a h-uile nì a bh' innt'
Airson a thlachd fhéin,

A h-uile nì—
Is mise.

## *Purpose/Secret/Love*

*For a long time you were hidden from me*
*Like strokes scratched on a stone*
*That I couldn't decipher.*

*Quiet footsteps on a corner of my mind*
*Without leaving a trace*
*That I couldn't hear.*

*I fell in love and was taken away*
*To another country:*
*And I said: "This is the purpose of my life!"*

*I was blinded by bliss,*
*And although understanding was*
*On the edge of my eye, I couldn't*

*Capture it. But one day I discerned it*
*Quietly, peaceably—*
*Without thunder, without lightning,*

*Without trumpet-blast—that God created*
*The earth and everything in it*
*For his own pleasure,*

*Everything—*
*And me.*

## Fadachd

Fàileadh flùir nach fhacas
Naidheachd bho dhùthaich chéin
Mac-talla ciùil nach glacas
Deagh fhàile eòlais Fhéin.

Boltrach beatha chum beatha
Fàile cùbhraidh Chrìosd';
Anam sàsaicht' an àm tartmhor
Deagh uisgeachadh na lios'.

Cagar sgiathan dearbadain-dé
Facal dhan cluinn sinn ach biùg;
Aiteal siùbhlach cùlaibh Dhé
Air creag ro-àrd mar stùc.

Ach thig sinn a-mach air fàire,
Ar coille bhòidheach bhàn
An tìr nam beò gun sgàile,
Gun fhadachd—ach le aoibhneas làn.

## The Soul's Longing

Scent of an unseen flower
Tidings from a foreign land
Echo of music uncaptured
The sweet air of knowing Him.

The perfume of life unto life
The fragrant atmosphere of Christ;
Spirit satisfied in a thirsty time
Like a well-watered garden.

Whisper of butterfly's wings
A word heard only in part;
Fleeting glimpse of the back of God
On a towering rock like a precipice.

But we will come out on horizon,
Our fair happy woodland,
In the land of the living without shadow
Our longing lost—and gladness won.

# Solas

Adhar làn solais a' dòrtadh sìos oirnn
'S a' toirt dhuinn sòlais—sin a' chiad sochair!
A' togail ar n-inntinn suas bho'n talamh
'S an robh i 'na laighe, fann is acrach;
Nach toir solas na gréine air blàthan
Éirigh ás na h-uaimhean 's am bheil iad am falach
'Toirt aoibhneis bhlàthmhoir do shaoghal chaillte.

Ach 's e 'n solas a dhùisgeas sinn gu tuigs'
As cudthromaich', solas a thogas uainn
Truime an dorchadais a chumas sinn dall,
Gun fheum, 'nar ruith an siud 's an seo, gun fhiosd'
Cà' bheil sinn a' dol, no carson. Cuin', a Rìgh,
A gheobh sinn biùg a-rithist de Sholus an t-Saoghail?

## *Light*

*Sky full of light pouring down upon us*
*And bringing us solace—that's the first benefit!*
*Lifting our minds up from the earth*
*Where they were lying, faint and empty;*
*Surely the sunlight impels blossoms*
*To rise from the caves where they are hiding*
*Giving flower-filled pleasure to a lost world.*

*But it's the light that awakens us to understanding*
*That matters most, a light that lifts from us*
*The weight of darkness that keeps us blind,*
*Useless, running hither and thither, not knowing*
*Where we are going, or why. When, O Lord,*
*Will we receive a glimmer of the Light of the World again?*

# Ruach

ruach, *facal Eabhrach do spiorad, anail, neo gaoth*

Nuair a lìonas soirbheas na siùil
'S ann an uair sin a thig soirbheas gu cinnteach
Chun na luinge, 's i a' cur a sròin
A chum a' chalaidh, gu h-aotrom, aighearach.

('S e eachdraidh an àm a dh'aom
Eachdraidh an àm ri teachd.)

Chan fhaca mi a' ghaoth
Ach chunnaic mi a h-àl:
Siùil 'gan lìonadh leatha
Long 'dannsadh air an t-sàl.

('S e eachdraidh an àm a dh'aom
Eachdraidh an àm ri teachd.)

Chuala mi a' ghaoth, *ruach* Dhé,
Gaoth na Caingis 'na deann-ruith
A' dol 'nam measg, a' dol unnta—
Lìon do shiùil le Gaoth a Ghràis!

# *Ruach*

*ruach*, Hebrew for spirit, breath, or wind

When a breeze fills the sails
It's then that success surely comes
To the vessel, as she points her nose
Towards the harbour, lightly, joyfully.

(The history of the time that's past
Is the history of the time to come.)

I didn't see the wind
But I saw its consequence:
Sails being filled with it
And a ship dancing on the sea.

(The history of the time that's past
Is the history of the time to come.)

I heard the wind, God's breath,
The wind of Pentecost in a rush
Within their midst, indwelling them—
Fill your sails with it, the Wind of Grace!

# An Saoghal Ùr:
# Sealann Nuadh

*The New World:*
*New Zealand*

# 31d dhen Dùbhlachd, 2015

Là mu dheireadh dhen bhliadhna is
Cà' bheil mi? 'Nam shuidh air being a' seo
'S a' ghrian a' dòrtadh orm mar thiodhlac
A thàinig gun fhiosd', mar iongnadh 's bheannachadh.
Craobhan le duilleagan gleansach is flùraichean
An t-samhraidh, dathach ach diùid, mu'n cuairt orm.

Nach deach mo tharraing 's mo thàladh
Chun na dùthcha seo taobh eil' an t-saoghail?
Is gu Dun Éideann eile—collach
Agus eu-chollach. Ged a dh'aithnicheas mi
Ainmean rathaid is sràid'—Princes Street, Leith Walk—
Chan ann an Albainn a tha mi, ach an dùthaich
Dhrùidhtich, speuranta, iongantaich eile—

Anns an tighinn, mi 'sealltainn sìos
Air beanntan beàrnach dubha, air an
Còmhdachadh, chan ann le craobhan, shaoil mi,
Ach le plangaidean liath-uaine, mar fhuiltean tiugh
A' gramachadh ri claignean maola. Anns an ruigsinn,
Crodh is caoraich 'nan samhla saoibhreis.

Am baile fhéin, mar gum bitheadh,
Air fàs suas 'na thùmhrais-thàrais le
Sràidean casa, tuilleadh is cas, air cìr
Nam beanntan, 's tè cha mhór gu h-inghearach
'Dol suas. Is mise, mo làmhan sìnte,
A' gabhail gu gràdhach ris an àite
'S fadachd orm bho m' òige a bhith ann!

## *December 31, 2015*

*Last day of the year and where am I?*
*Sitting on a bench here with the sun*
*Pouring on me like a gift that came*
*Unnoticed, a wonder and blessing.*
*Trees with shiny leaves, and flowers*
*Of summer, colourful but shy, around me.*

*Wasn't I drawn and attracted to this land*
*On the other side of the world?*
*And to another Edinburgh—like and unlike.*
*Although I recognise road and street names—*
*Princes Street, Leith Walk—I'm not in Scotland*
*But in another impressive, unearthly, amazing country.*

*In coming, as I looked down on the black*
*Jagged mountains, covered (as I imagined)*
*Not with trees, but with grey-green plaiding,*
*Like thick, hairy locks clinging to bald skulls.*
*In arriving, cattle and sheep were sign*
*And symbol of the land's prosperity.*

*The town itself was as if it had grown*
*Higgledy-piggledy, with steep streets,*
*Steeper than steep, on mountain crests,*
*And one rising almost perpendicular!*
*And there I was, my hands outstretched*
*To acknowledge with love this place*
*I had longed from my youth to see!*

# Dùn Éideann mu Dheas

*'S e Bàrd do Chomann na Gàidhlig, Sealann Nuadh, a bh' ann an Aonghas Camshron MacDhunnchaidh, a rugadh 's an Eilean Sgìtheanach.*

Nuair a mhol Aonghas a chànain ann a' dàn
'N dùil na smaoinich e air na làithean a leanadh
Agus cànain a ghaoil air crìonadh, air crìonadh?
'S anns a' chànain choimhich eile sin
A dhèanadh e-fhéin na dàin a-nis:
Nach robh feum air leughadairean aig a' bhàrd?

Ach thàinig iad, na Gàidheil, air an tarraing,
Feadhainn dhiubh, gu raointean an òir; dhaibhsan
A bha 'nan cléirich, b' e eaglais a chur air bhonn—
'S do Dhia a' ghlòir!—a bha romhpa:
Fearainn is foghlam, saorsa is beartas
A chosnadh, a ghearradh ás an tìr neo-aithnichte:

Agus rinn iad sin! 'S chuir iad ris an dachaidh ùir
Dìreach mar a b' àbhaist dhaibh—cha b' urrainn
Ach a bhith dìleas dhaib' fhéin, dhan dualchas
A bha sgrìobht' ann a' fuil an cuislean
O chéin, an anail fhathast air a' mhullach!
'S rinn iad dachaidh is dùthaich gun dearmad
Mar bu nòs is mar bu chòir, 's fhuair iad buaidh.

## *Dunedin, NZ*

Born on the Isle of Skye, Angus Cameron Robertson was Bard
to the Gaelic Society of New Zealand.

*When Angus praised his language in a song*
*I wonder if he thought of the days that would follow*
*And his beloved language after fading, fading?*
*And it's in that other foreign language*
*That he himself would make the poems now:*
*After all, wasn't the bard in need of readers?*

*But they came, the Gaels, some of them*
*Drawn to fields of gold; for those who were clergy*
*It was to raise a church to God's glory*
*That was their purpose:*
*To win lands and knowledge, freedom and prosperity,*
*Carving it out of the unknown land:*

*And they did that! They contributed to their new home*
*In their usual way—they couldn't but be faithful*
*To themselves, to their tradition*
*That was written in the blood of their veins*
*Since time immemorial, the mountain top still their resting-place!*
*And they made a home and homeland with care*
*According to their proper custom, and they are there still!*

# Cafaidh na Cnòtha-daraich Uaine

*"the famous 'scarfie' fry-up"*

Anns an t-seòmar-chùil, dorus fosgailt' ris a' mhadainn chiùin,
Air feadh nam ballachan geala, dealbhan eas-chruthach
Air féill; làr saimeint air a pheantadh dubh; coinneal mhór uain'
Air seann mhaide àrd is car ann; bùird steillein fhiodha
'S coltas cugallach orra, dà sheidhir aig gach bòrd.

Ach mu m' choinneimh air a' bhòrd agam fhìn, a dhuine!
Truinnsear mór ceàrnach geal agus air sin, 'nan uile glòir,
Dà ugh 's na buidheagain mhór' boillsgeach a' coimhead orm!
Seo àite-tathaich nan oileanach 's iad follaiseach 's a' bhaile,
Na scarfaichean gorma 's òr a' sruthadh 's an fhannan.

'S còrr dhuinn cuimhne a chumail, a luchd-leughaidh chòir,
Air an luach a chuir muinntir na h-Albann, Gàidheil is Goill,
Ann a' foghlam o chionn fhada; is gur iad a chuir air bhonn
Ciad oilthigh Sealainn Nuaidh ann a' Dùn Éideann mu dheas.
Is seo mis' a-nis, 's mu'n cuairt orm, oighreachan na dìleib.

## *The Green Acorn Café*

"the famous 'scarfie' fry-up"

*In the backroom, door open to the soft morning;*
*All over the white walls, abstract pictures for sale;*
*A cement floor painted black; a great green candle*
*On an old high twisted stick; wooden trestle boards*
*Looking precarious, two chairs at each table.*

*But before me on my own table, O Man!*
*A big square white plate, and on that in all their glory,*
*Two eggs, with their big shining yolks, looking at me!*
*Here the students meet. Conspicuous in the city,*
*Their blue and gold scarves stream out in the breeze.*

*We should keep in memory, dear readers,*
*The value that Scottish folk, Gaels and non-Gaels,*
*Placed in education from days of old; and they it were*
*Who founded the first university of New Zealand in Dunedin.*
*Now here I am, with heirs of the legacy all about me.*

## Faoileagan nan Dromannan Dubha

*Colaisde an Oilthighe, Oilthigh Otago, Dùn Éideann mu Dheas, 2016*

Seall orra—sgiathan sgaoilte air sruthan an adhair
Cnàmhan còsach, cothromaichte air a' ghaoith—eòin air bheagan cliù!
Bidh iad a' bruidhinn ri chéile: an do dh'éisd thu riutha riamh?
Mise air mullach an tùir a' gabhail na gréine 's am baile gu h-ìosal—
Thig tè dhiubh, a' toirt aire orm, a' sgiamhail 's a' trod, 's ag éigheachd
Air an treubh; ann a' diog bidh an t-adhar làn de throd 's de sgiamhail:
Nach ann leothasan a tha an spàrr co-dhiùbh? 'S mise a tha 's a' rathad.
Agus suaicheantas geal air feadh a' bhàrr-bhalla
A' toirt fianais air an t-seilbheadaireachd aca.

An d' thug thu an aire a-riamh cho brèagh' 's a tha iad? Druim is sgiathan
Cho dubh ri dubh; corp is ceann cho geal ri geal! Agus sùil—
Sùil luaisgeanach, gheur a chì greim bìdhe bìodach aig astar!
Tha 'd a' fàs cleachdte rium a-nis—cha nàmhaid mi!
Eòin air bheagan cliù—ar co-chreutairean!

## Gàradh nan Lusan

Eden eile: ach cà' bheil Craobh na Beatha sin
A bu chòir a bhith ann? Sin a tha mi a' lorg!

## The Black-backed Seagulls

University College, University of Otago, Dunedin, 2016

*Look at them—wings spread on streams of the air,*
*Cavernous bones, balanced on the wind—birds of little fame!*
*They speak to each other: did you ever listen to them?*
*I'm here on the tower-top, taking the sun, with the town below—*
*Here comes one of them, taking notice of me, screaming and scolding*
*And summoning the tribe; in a flash, the air is full of scolding and screaming:*
*Anyway, doesn't this roof-roost belong to them? I'm the one in the way.*
*And the white distinguishing mark all over the parapet*
*Bears witness to their ownership.*

*Did you ever pay attention to how beautiful they are? Back and wings*
*Blacker than black; body and head whiter than white. And eye—*
*Eye restless, sharp that can see a tiny bit of food from afar!*
*They're getting used to me now—I'm no enemy!*
*Birds of little fame—our fellow creatures!*

## Botanical Garden

*Another Eden: but where is that Tree of Life*
*That ought to be here? That's what I'm looking for!*

## *Haka*

Seall air! A shùilean air a mhàthair,
'S iad a' lasadh le toileachas,
An dithisd ac' a' taisbeanadh
*Haka* na tréibh. Esan, an gille,
Cinnteach ás fhéin, cinnteach á 'dhualchas
Agus sinne fo umhail, fiosrach
Air urram a' chuiridh a thug
Sinn gu *marae* nam Maori,
Agus air fialaidheachd nan daoine.

Nach eil sinn fhìn gu math collach riutha,
Pròiseil á dualchas, deas gu biadh a thairgsinn?
Nach eil beul-aithris nan seanairean ac'
Mar a th' againne? Òrain is ealain?

Ach smaoinich air ionnsachadh bhuapa!
No 'm bheil sinn cho dall 's cho làn uaibhreis?
Dhaibhsan 's e an talamh 's gach nì a th' innte
An *taonga*—an t-ionmhas as prìseil; 's gu' feum
A h-altramachadh le miadh is mùirn.

Agus bha gaol againn air a' ghille
A gheobhadh togail cho gaosmhor.

# Haka

*Look at him! His eyes on his mother,*
*Shining with delight,*
*The two of them demonstrating*
*Haka of their tribe. He, the boy,*
*Certain of himself, certain of his heritage;*
*And we attentive, conscious of*
*The honour of the invitation*
*That brought us to the marae of the Maori,*
*And conscious too of their hospitality.*

*Aren't we ourselves rather like them,*
*Proud of heritage, quick to offer food?*
*Don't they too have the lore of their ancestors*
*As we do? Songs and poetry?*

*But think of how we could learn from them!*
*Or are we so blind and so full of arrogance?*
*For them, it is the earth and everything in it*
*That is the taonga—the most precious treasure;*
*And we must nurture it with respect and regard.*

*And we loved the lad*
*Who would receive such wise upbringing.*

## Cumaibh Cuimhne

*Do ghinealaich nan Gàidheal ann a' Dùn Éideann mu dheas*

Gun fhiosd do dhuine, tha 'd ann
agus gun fhiosd' dhaib' fhéin!
Chìthear iad anns na bùithtean,
is air an t-sràid, ged nach
aithnichear iad. Dh'fhaoidte gu bheil
collas an tùsanaich air fear, agus 's ann
am Muile a rugadh a shinn-sheanair
neo gur ann á Leódhas a thàinig
a shinn-sheanmhair. Agus tha cànain
nan Gàidheal air dearmad—am falach
fo'n uile nì—feumail is neo-fheumail—
is cà' bheil cuimhne air cànain
is dualchas nan daoine sin? A-nis
tha iad glaiste fo bhuaidh na Beurla
coimhich! Nach eil an cridhe 'g innse dhaibh
gu bheil rudeigin a dhìth? Nach eil
na bruadaran aca 'toirt fianais air
an stòras a tha 'ad air chall?
       Éirichibh suas,
a Chlanna nan Gàidheal, glacaibh a-rithist
na tha bhuaibh! Tha tobar an ionmhais
'feitheamh oirbh.

## Hold on to the Memory

To the descendants of the Gaels in Dunedin, NZ

*Unknown to anyone, they're there*
*and unknown to themselves!*
*They can be seen in the stores,*
*and on the street, though they are*
*unrecognizable. Maybe one has*
*the look of the first people of the land,*
*and his great-grandfather was born in Mull;*
*or it was from Lewis that his great-*
*grandmother came. And the language*
*of these ancestors has been forgotten,*
*hidden under everything both useful*
*and useless that made them forget*
*the language and culture of their people.*
*And now they are locked under the influence*
*of barbarous English! Don't their hearts tell them*
*that something is missing? Don't their dreams*
*bear witness to the treasure-house that has been lost?*
                              *Rise up,*
*O Children of the Gael! Grasp again*
*what you are missing. A well of riches*
*awaits you!*

# Karitane

Ainm brèagh' ceòlmhor nam Maori! Baile beag àlainn
'Na laigh' an uchd na mara 's an eilean mu dheas.
Sràidean 's ainmean orra ('s a' Bheurla)
Bho thaobh eil' an t-saoghail: Leódhas, Steòrnabhagh, Hiort,
Sula Sgeir, Barabhas, Barraidh, Na Hearadh.

Stad mi,
Mar stoc shalainn 's mo shùilean air an adhar—
Gorm, glan, falamh. Carson a-réisd a bha m' fhalt
'Na sheasamh dìreach air cùl mo chinn
'S mi 'faireachdainn sùilean sluaigh mhóir neo-fhaicsinnich
Orm, 'gam aithneachadh, airson m' aire 'ghlacadh
Agus guthan binne Gàidhlig 'nam chluais:

"Sinne do chuid dhaoine; sheas sinne
Far a bheil thusa 'nad sheasamh. Thairg sinn taing
Do Dhia a threòraich sinn gu sàbhailte;
Thug sinn taing 'nar cànain fhìn—a' Ghàidhlig bhrìoghmhor!
Nach innis thu dhaibh gu robh sinn ann
'S gur e Gàidheil a bh' annainn?"

## *Karitane*

*Beautiful, melodious name of the Maori! Lovely little town*
*Lying in the bosom of the sea in the island to the south.*
*Streets with their names (but in English)*
*From the other side of the world: Lewis, Stornoway, St. Kilda,*
*Sula Sgeir, Barvas, Barra, Harris.*

*I stood still,*
*Like a pillar of salt with my eyes on the sky—*
*Blue, clean, empty. Why then was my hair*
*Standing straight on the back of my head*
*As I felt eyes of a great invisible crowd upon me,*
*Recognising me, seeking to catch my attention*
*With sweet Gaelic voices in my ear:*

*"We are your people; we stood*
*Where you are standing. We offered thanks*
*To God who led us here in safety;*
*We gave thanks in our own language—the pithy Gaelic!*
*Won't you tell them we were here*
*And that we were Gaels?"*

# Eadar-theangachaidhean agus Òrain Spioradail

*Translations and Spiritual Songs*

# Tàladh Cheap Breatainn

*le Kenneth Leslie*

1. Tha 'm fiodh-seachrain 'losgadh gorm 's na faileasan fiadhaich air a' bhalla,
    'S gaoth na h-oidhch' a' séideadh 's a' togail greann air na lòintean;
    'S a' sileadh gu cearcall an latha, tha sruth a' Mhira 'seinn gu socair:
        Caidil gu lò, 'ille, lò, 'ille,
        Caidil gu lò.

2. Fad air falbh air cliathaich Beinn Bhrèagh' tha na h-uain bheag' air seachran;
    Siud 's a' seo 's air feadh a' mhonaidh tha am màthraichean a' dèanamh mèilich
    'Gan lorg 's 'gam paisgeadh faisg ri 'n taobh, 'gam paisgeadh 's a' seinn gu socair:
        Caidil gu lò, 'ille, lò, 'ille,
        Caidil gu lò.

3. Tha d' athair air a' bhàgh. Cumaidh esan a' phrais a' bruich.
    Cumaidh e na h-uile bho tuiteam sìos, tuiteam sìos le sgrios is claoidh.
    Guma sàbhailt dhachaidh dhà bho'n a' mhuir a' seinn gu socair:
        Caidil gu lò, 'ille, lò, 'ille,
        Caidil gu lò.

# Cape Breton Lullaby

by Kenneth Leslie

1. Driftwood is burning blue, wild walk the wall shadows,
   Night winds go riding by, riding by the lochie meadows.
   On to the ring of day flows Mira's stream singing:
   > Caidil gu la, laddie, la, laddie,
   > Sleep the stars away.

2. Far on Beinn Bhreagh's side wander the lost lambies;
   Here, there, and ev'rywhere, ev'rywhere their troubled mammies
   Find them and fold them deep, fold them to sleep singing:
   > Caidil gu la, laddie, la, laddie,
   > Sleep the moon away.

3. Daddy is on the bay. He'll keep the pot brewin',
   Keep all from tumblin' down, tumblin' down to wrack and ruin.
   Pray Mary, send him home safe from the foam singing:
   > Caidil gu la, laddie, la, laddie,
   > Sleep the dark away.

# Mo Rùn, Ceap Breatainn 's Mi-fhìn

*le Robert Felix Quinn*

Nach seinn sibh dhomh duan air ur cnuic
Air na beanntan 's na h-uisgeachan ciùin
Duan a bhruidhneas air sìobhraich an "trì"
Mo rùn, Ceap Breatainn, 's mi-fhìn.

Ionnsaich dhomh dòighean ur tìr'
Le cumhachd is sìth làmh air làimh;
Chan iarr mi an còrr na mo bheatha—'s e saor!
Mo rùn, Cape Breatainn, 's mi-fhìn.

Daonnan gairmidh ur n-aibhnichean orm
'S cluinnidh mi torman binn de sheirm
Nuair nach bi sinn le chéil' 's mi cho brònach leam fhìn
Thoir dhachaidh mi, thoir dhachaidh mi.

Nan crìochnaicheadh m' ùine mar bu chòir
Tha fhiosam far an iarrainn a bhith
Bhiodh gibht Dhé de nèamh 'ga co-lìonadh de thrì
Mo rùn, Ceap Breatainn, 's mi-fhìn

Chan iarr mi an còrr na mo bheatha—'s e saor!
Mo rùn, Ceap Breatainn, 's mi-fhìn.

## My Love, Cape Breton and Me

by Robert Felix Quinn

*Sing me a song of your hills*
*Of mountains and waters so still*
*A song that will speak of the magic of three*
*My love, Cape Breton and me*

*Teach me the ways of your land*
*Where power and peace go hand in hand*
*It's all that I want in this life and it's free*
*My love, Cape Breton and me*

*Always your rivers are calling to me*
*I hear the sound of sweet melody*
*When we're apart and I feel so alone*
*Carry me home, carry me home*

*If my time could end perfectly*
*I know where I'd want it to be*
*God's gift of heaven would be made up of three*
*My love, Cape Breton and me*

*It's all that I want in this life and it's free*
*My love, Cape Breton and me*

# Mo Dhachaidh an Albainn Nuaidh

*le Hank Snow*

1. Tha àit' ann as luachmhoir' dhomhsa, fo iarmailt a' Chuain Shiair
   'S an toir cladaichean Cheap Breatainn gu tràth éirigh air a' ghréin;
   'S fàileadh cùbhraidh blàthan ùbhlan air na cluaintean mar an driùchd
   Ann an Albainn Nuaidh mo ghràidh far an d' rugadh mi o chéin.

2. Tha mi air siubhal fad is farsaing thar na dùthcha móir' gu léir:
   Far an toir cladaichean Bhancouver pòg do lìonadh a' Chuain Shèimh;
   Chaidh mi thar nam beanntan móra, chunnaic mi dealradh cruithneachd òir
   A-nis 'tilleadh gu Tìr mo Dhùthchais far gu sona beò a' spréidh;

3. Far am bi an smeòrach bhòidheach 'sireadh a luchd-gaoil 's gach craoibh;
   Thar Chuebeic bidh guth 's a' Fhraingis a' cur cabhaig orm gu falbh:
   "Tha 'n t-àm dhut 'gluasad dhachaidh, 's fàilte romhad bho ghach aon
   Far am feith ort do luchd-dàimh air cladach sgiamhach a' Chuain Shiair."

4. Sìos troimh Bhrunsuic Nuaidh cho bòidheach 's thall gu Eilean beag a' Phrionns'
   Gu oirthir chreagach Tìr nan Trosg—tha mo ghaol aca ri m' bheò;
   Ach nan tigeadh Dia gu talamh còmhla ruinn a' sireadh fois
   Bheirinn E dhachaidh dh'Albainn Nuaidh, an t-àit' as prìseil leam na'n còrr.

## *My Nova Scotia Home*

by Hank Snow

1. There's a place I'll always cherish / 'Neath the blue Atlantic skies,
   Where the shores down in Cape Breton / Bid the golden sun to rise,
   And the fragrance of the apple blossoms / Sprays the dew-kissed lawn,
   Back in dear old Nova Scotia / The place where I was born.

2. Far across the great Dominion / I have travelled, far and wide
   Where the shores out in Vancouver / Kiss the blue Pacific tide
   I have crossed the snow-capped Rockies, / Saw the wheat fields' golden blaze,
   Headed back to Nova Scotia / Where contented cattle graze.

3. Where the pretty robin redbreast / Seeks its loved ones in the tree,
   And the French dialect in old Quebec / Keeps callin' out to me.
   It seems to say, "Be on your way; / There's a welcome at the door
   Where the kinfolks are a-waiting / On that gay Atlantic shore."

4. Down through beautiful New Brunswick / And across to P.E.I.
   To the rock-bound coasts of Newfoundland— / I'll love them till I die.
   But if God came here on earth with us / And asked if He could rest,
   I'd take Him to my Nova Scotia home, / The place that I love best.

# An Raointean Flànrais

*le Fo-cheannard Còirneal Iain MacRàth (1872–1918)*

Seallaibh na meilbheagan air chrith
Eadar na croisean, sreath air sreath,
Làrach ar n-uaighean; is anns an adhar
Na h-uiseagan a' falbh air iteig 's iad a' seinn
Gu calma fhathast ged nach mór gun cluinn
Sinn iad le fuaim nan gunnachan 's am faram
An raointean Flànrais.

Is sinne na Mairbh. Cha b' ann ach an-dé a bha
Sinn beò, ghabh tlachd an gormanaich an latha,
Chunnaic deàrrs' na gréin' 'dol fodha, ghràdhaich
'S ghabh tlachd ann an gràdh; 's a-nis tha sinn 'nar laigh'
An raointean Flànrais.

Thoiribh an àird' ar n-aimhreit leis an nàmh:
Thugaibhse tha sinn a' tilgeil an leus
Le làmhan fàillinneach; 's leibhs' a bhith 'ga chumail àrd.
Mura bi sibh dìleas dha na mairbh
Cha chaidil sinne, ged bhios meilbheagan a' fàs
An raointean Flànrais.

## *In Flanders Fields*

by Lieutenant-Colonel John McCrae (1872–1918)

*In Flanders fields, the poppies blow*
*Between the crosses, row on row*
*That mark our place, and in the sky*
*The larks, still bravely singing, fly*
*Scarce heard amid the guns below.*

*We are the dead, short days ago*
*We lived, felt dawn, saw sunset glow,*
*Loved, and were loved, and now we lie*
*In Flanders fields.*

*Take up our quarrel with the foe:*
*To you from failing hands we throw*
*The torch, be yours to hold it high.*
*If ye break faith with us who die*
*We shall not sleep, though poppies grow*
*In Flanders fields.*

# Laoidh na Càisge

*le William Ewin Parsons, Ceap Breatainn, c. 1976*

1. Tha oidhche fhad' a' bhàis seachad
   'S tha Crìosd' air éirigh bho'n uaigh
   Tha 'n solas air briseadh troimh 'n duibhre
   Is air ar smalan fhuair aoibhneas buaidh.

2. Aig beul an latha chaidh Màiri 'ga shireadh
   Fhuair i an tuam falamh agus truagh
   Dh'fhaighnich i dhan ghàirnealair càit' an robh e
   Is aig a fhreagairt, dh'aithnich i a Tighearn'.

3. Sheas e 'nam measg air an fheasgar
   Is dhan fhear theagmhach shìn e a làmh;
   Nuair dh'fhairich Tòmas creuchd a' ghràidh
   Is ann a ghlaodh e, "Mo Thighearn' s mo Dhia!"

4. Tha 'n là ùr fhathast aig madainn
   Nuair choinnicheas Ìosa sinn an Galilee;
   "Bheil gaol agad orm?" bidh e fhathast a' faighneachd,
   'S e fhathast a thagradh, "Biadhaich m' uain."

## *Easter Hymn*

by William Ewin Parsons, Cape Breton, c. 1976

1. *Death's long night is over*
   *And Christ has risen from the tomb;*
   *The light has broken through the darkness*
   *And joy has conquered all our gloom.*

2. *At day's dawn Mary sought him.*
   *The grave was empty and forlorn.*
   *She asked the gardener where he laid him*
   *And when he answered, she knew her Lord.*

3. *He stood among them in the evening,*
   *Stretched out his hand to the doubting one;*
   *When Thomas felt the wound of love*
   *His eyes could see and his doubt was gone.*

4. *The new day is still at morning*
   *When Jesus meets us in Galilee.*
   *"Do you love me?" is still his greeting,*
   *"And feed my lambs" is still his plea.*

# Laoidh na Caingis

*le William Ewin Parsons, Ceap Breatainn, 1990*

1. Dèanaibh aoibhneas! Na bitheadh ur cridhe fo bhròn
   'S na teangannan sgoilte mar an tein' os ur cionn.
   Tha neartachadh na rìoghachd a-nise air tùs
   Bhuannaich gràdh Crìosd' an t-sìth 's bidh sinn còmh' ris gu buan.

2. Hosanna dhan fhear a tha beò gu sìor
   Cha bhuadhaich aon olc air an eaglais aige fhéin.
   Dèanaibh aoibhneas, tha fìreantachd Crìosda treun
   A' beannachadh fhathast a thròcair' dhuinn.

3. Làn dhen spiorad, chan fhàillig sin.
   Feuch! Tha 'n cupan cur thairis leis an t-solas tha ann.
   Feuch! Tha Slànaighear an t-Saoghail e-fhéin cur an t-sìl
   'S leis an spiorad lìonta, faodaidh sinn bhith fial.

## *Pentecost Hymn*

by William Ewin Parsons, Cape Breton, 1990

1. *Rejoice! Let not your heart to trouble turn.*
   *Above you, cloven tongues are made to burn*
   *The upbuilding of the Kingdom is begun:*
   *Christ's Love the Peace has won.*

2. *Hosanna to the Living One!*
   *Against the Church no evil shall prevail.*
   *Joyous are we for Christ's Righteousness*
   *Strong may His Mercy men of good will bless.*

3. *Spirit-filled we shall not fail*
   *Behold with light the Cup does overflow*
   *The Saviour of the World himself goes forth to sow*
   *Upheld by His Spirit, we also go.*
   *Alive with His Spirit, we also go.*

# Laoidh Sliochd nan Gàidheal

*Air fonn "The Skye Boat Song"*

*Séisd:*
Éisd ri ar n-ùrnaigh, Rìgh na Glòir,
Cùm sinne treòrach, treun
Mar chùm Thu ar sinnsir' a thàinig thar cuain
Sàbhailt 'nad làmhan fhéin.

1. Measg ghaoithean searbh' is shiantan garbh'
   'S Tusa fear-stiùiridh ar luing';
   Leatsa air bòrd, aotrom a' bhòids'
   Gun eagal is Tusa leinn.

2. Anmoch is tràth, gach oidhche 's a' latha
   'Gad leantainn troimh 'n ioma-ghaoith;
   Ar sùilean ort fhéin, 's Tu ghairm oirnn o chéin
   Na dìobair sinn, Dhé, a chaoidh.

3. Bi leinne gach là, ar companach tlàth
   Gu ruig sinn ar dachaidh bhuan;
   Do Ìosa ar gràdh, a dh'fhuiling 'nar n-àit'
   Biodh glòir gu sìorraidh bràth.

## *Hymn for the Descendants of the Gaels*

To the tune of "The Skye Boat Song"

*Chorus:*
*Listen to our prayer, King of Glory,*
*Keep us vigorous and strong*
*As You kept our ancestors who crossed the sea*
*Safe in Your own hands.*

1. *Midst bitter winds and fierce storms*
   *It is You who steer our ship;*
   *With You on board, buoyant the voyage*
   *Without fear since You are with us.*

2. *Early and late, each day and night*
   *Following You through the squalls;*
   *Our eyes on You who called us from afar—*
   *Never forsake us, O God.*

3. *Be with us each day, our tender companion*
   *Till we reach our eternal home;*
   *To Jesus our love, who suffered in our place*
   *Be glory forevermore.*

# Coda

*Coda*

# Aithneachadh

*Bha Seumas Watson nach maireann ag obair iomadh bliadhna air sgàth na Gàidhlig ann a' Ceap Breatainn agus b'esan a bhruidhneadh air "Nàisean nan Gàidheal."*

'S i a' Ghàidhlig rinn mo dhùsgadh
'S mi 'nam luideig bhig de phàisd';
'S i a' Ghàidhlig dhùineas mo shùilean
Ann a' cadal sèamh a' bhàis.

Cainnt mo shinnsir, cainnt mo dhualchais,
'S i chaidh thoirt dhomh mar oighreachd bheò;
Is thug i dhomh de dh'aoibhneas dhuaismhor
Bheir mi taing mo chridh'—'s an còrr

Do Thì an àigh a rinn mo stiùireadh
Far am faodainn mo chainnt fhéin
A chur gu feum am measg na muinntir
Tha cho fialaidh, caomh is treun.

Thar a' chuain mhóir ged a thriall mi
Dh'aithnich mi mo dhaoine fhéin—
Aodainn, dualchainnt, nàdar fialaidh
Ghabh rium gu gaolach mar aon ac' fhéin.

Cho collach ris na nàbaidhean caomh
A' còmhnaidh an eilean beag donn mo rùin,
Aig an robh fhathast cainnt mo ghaoil
'Ga cleachdadh 's 'ga teagasg bho'n a' ghlùin.

Carson a chaidh na Gàidheil a sgapadh
Feadh an t-saoghail fhiadhaich mhóir?
An dùil gu robh Dia airson a' chànain
A thoirt mar oighreachd dhan t-seòid?

Nach do dh'fhàg Seumas againn fàisneachd
Gum maireadh Nàisean nan Gàidheal?
'S an ann air sgàth sin a rinn an sadail
Fad is farsainn thar an t-saoghail?

## *Recognition*

The late Jim Watson worked many years for the sake of Gaelic in Cape Breton and he would speak of "the Gaelic Nation."

*It was the Gàidhlig that opened my eyes*
*When I was a little rag of a child;*
*It's the Gàidhlig that will close them*
*In the peaceful sleep of death.*

*My people's language, rightfully mine,*
*Given me as living heritage;*
*And she has given me bountiful joy.*
*I give my heart's thanks—and more*

*To the providential One who led me*
*Where I might put my own language*
*To use amongst such hospitable,*
*Kind and sturdy folk.*

*Across the great ocean though I journeyed*
*I recognized my own people—*
*Faces, dialect, kindly nature that took to me*
*Lovingly, as one of their own.*

*So like the kind neighbours*
*In the little brown isle I love,*
*Who still speak my beloved Gàidhlig*
*And teach it at mother's knee.*

*Why were the Gaels scattered*
*Throughout the great wild world?*
*I wonder if God desired to give the language*
*As inheritance to the heroes?*

*Didn't Jim leave us a prophecy*
*That the Nation of the Gaels would last?*
*And was that the reason they were flung*
*Far and wide throughout the world?*

Nach cuala mi a' chànain 's i 'ga bruidhinn
Ann an Astràilia 's Sealainn Nuaidh?
'S air gach taobh de Chanada
Is ann an Aimearagaidh nam buadh.

Ach feumaidh sinne a bhith dìleas
'Ga bruidhinn 's 'ga teagasg dhan a' chlainn;
Gus an tuig iad có a th' annta
'S nach caill iad an saoghal a bhuineas dhaibh.

*Haven't I heard the language spoken*
*In Australia and New Zealand?*
*And on both sides of Canada*
*And in America with all its resources.*

*But we must be diligent*
*To transmit it to the young;*
*So they will know who they are*
*And not lose the world that is theirs.*

# Mu'n Ùghdair
## *About the Author*

Chaidh Catriona NicÌomhair Parsons a breith 's a togail ann an Eilean Leódhais, Alba. Ás déidh dhi ceumnachadh bho Oilthigh Dhùn Éideann, rinn i teagasg na Beurla agus Cànanachais anns na Stàitean Aonaichte. Ann a' 1978, thòisich i a' teagasg na Gàidhlig aig Sgoil Shamhraidh Colaisde na Gàidhlig, Ceap Breatainn, obair a rinn i fad 30 bliadhna. Rinn i teagasg cuideachd ann a' Roinn na Ceiltis, Oilthigh Naomh Fhransaidh Xavier, Aintiginis, Alba Nuadh. Ás déidh dhi an dreuchd sin a leigeil seachad, chùm i oirre leis a bhith ag obair sia bliadhna anns an oifis ùir aig Roinn na h-Albann Nuaidhe, Oifis Iomairtean na Gàidhlig. Tha i a' cumail suas nan oidhirpean aice air sgàth na Gàidhlig a tha 'na adhbhar aoibhneis dhi. Tha i air dà chùrsa a bhuineas dhan Ghàidhlig a chruthachadh, *Gàidhlig troimh Chòmhradh* do Cholaisde na Gàidhlig, Ceap Breatainn, agus *Seallagain* do dh'Oilthigh Otago, Dùn Éideann, Sealann Nuadh; agus an leabhar *Saoghal na Gàidhlig/The Gaelic Way*.

*Catriona Parsons was born and raised in the Isle of Lewis, Scotland. After graduation from Edinburgh University, she taught English and Linguistics in the United States. In 1978, she began 30 years of Gaelic teaching at Cape Breton's Gaelic College Summer School. She also taught in the Celtic Department, St. Francis Xavier University, Antigonish, Nova Scotia. After retiring, Catriona worked six years in the new Provincial Office of Gaelic Affairs. She continues her efforts on behalf of Gaelic which gives her much joy. She has authored two Gaelic courses,* Gàidhlig troimh Chòmhradh *for the Gaelic College and* Seallagain *for the University of Otago, Dunedin, New Zealand; and the book* Saoghal na Gàidhlig/The Gaelic Way.

# Tiotalan eile
## Other titles

Airson tuilleadh leabhraichean,
tadhailibh air Clò a' Bhradain air loidhne
*For more Gaelic books, visit Bradan Press online*

## bradanpress.com

www.ingramcontent.com/pod-product-compliance
Lightning Source LLC
Chambersburg PA
CBHW031126080526
44587CB00011B/1131